I0490551

Inkspiration

430 diseños de Tatuajes

Introducción

La piel es el lienzo en blanco que cada vez más personas eligen decorar con diseños únicos y significativos.

Explora las páginas de este libro y sumérgete en el mundo de los tatuajes, descubre diseños impresionantes y observa las diferentes técnicas para la inspiración de tu futuro tatuaje.

Este libro es ideal para que tengas la inspiración necesaria para escoger el mejor tatuaje para ti y tus clientes.

Disfruta...

Romantic

LOVE
U

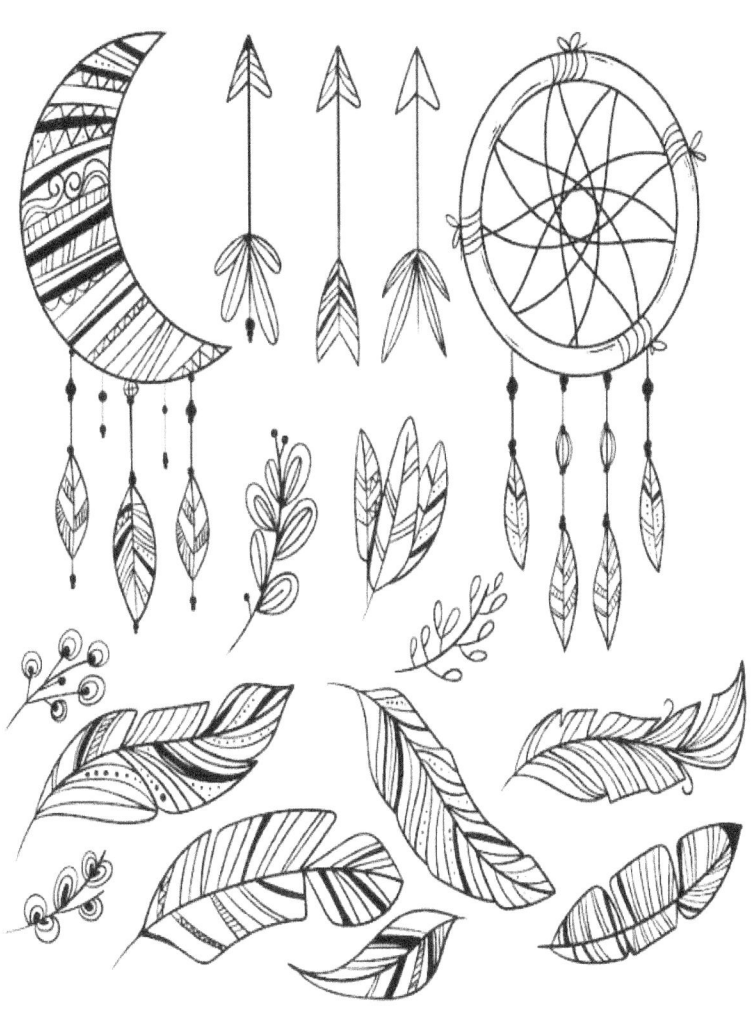

Dream Catcher

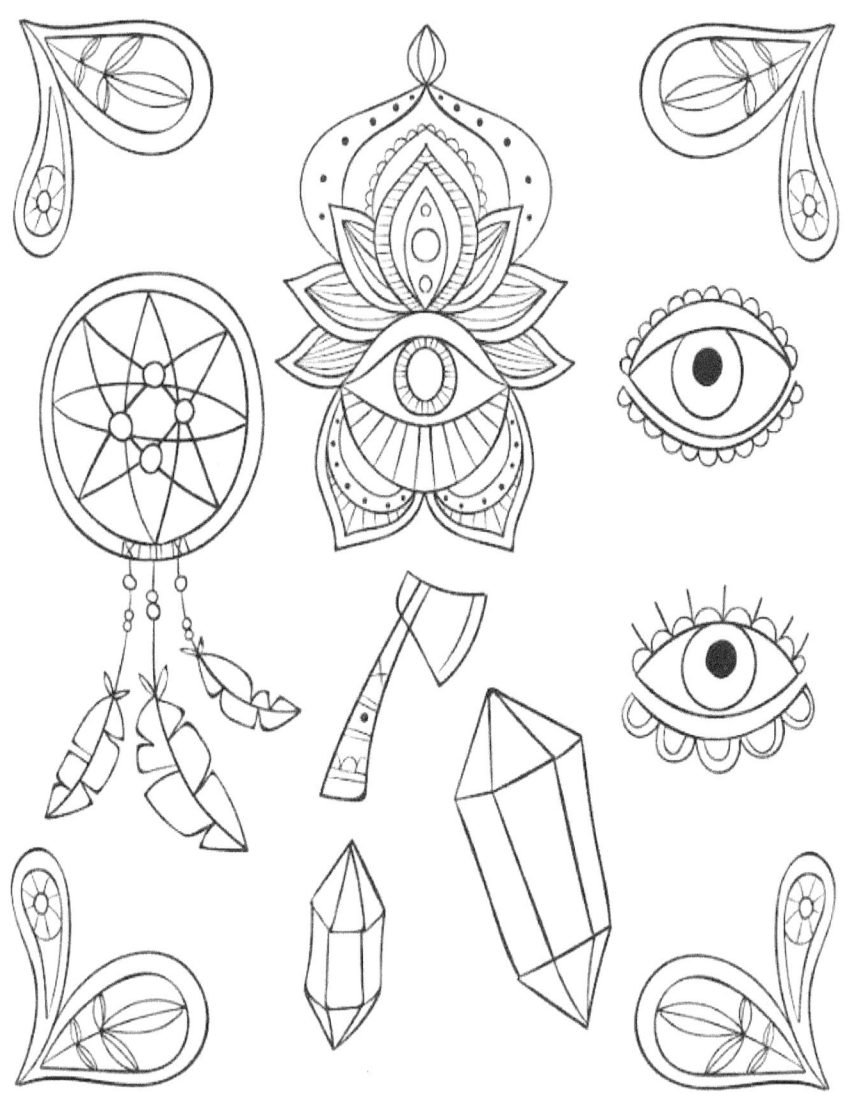

Abstract

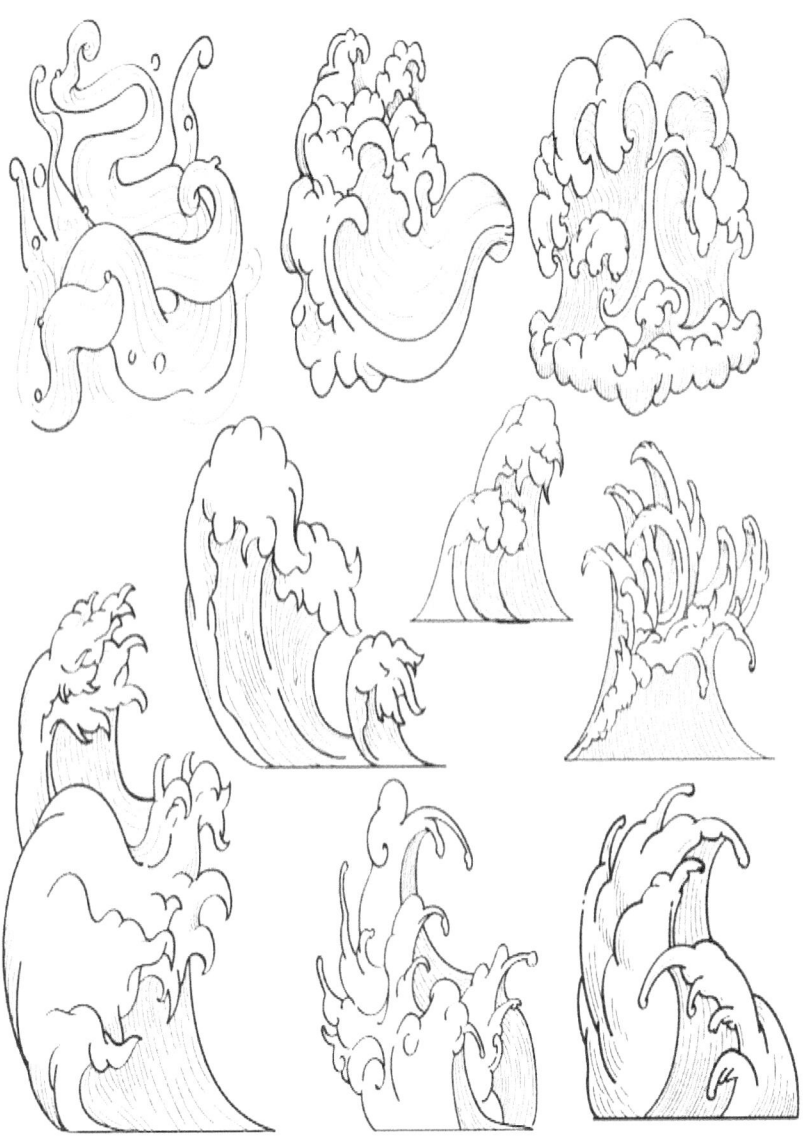

Waves

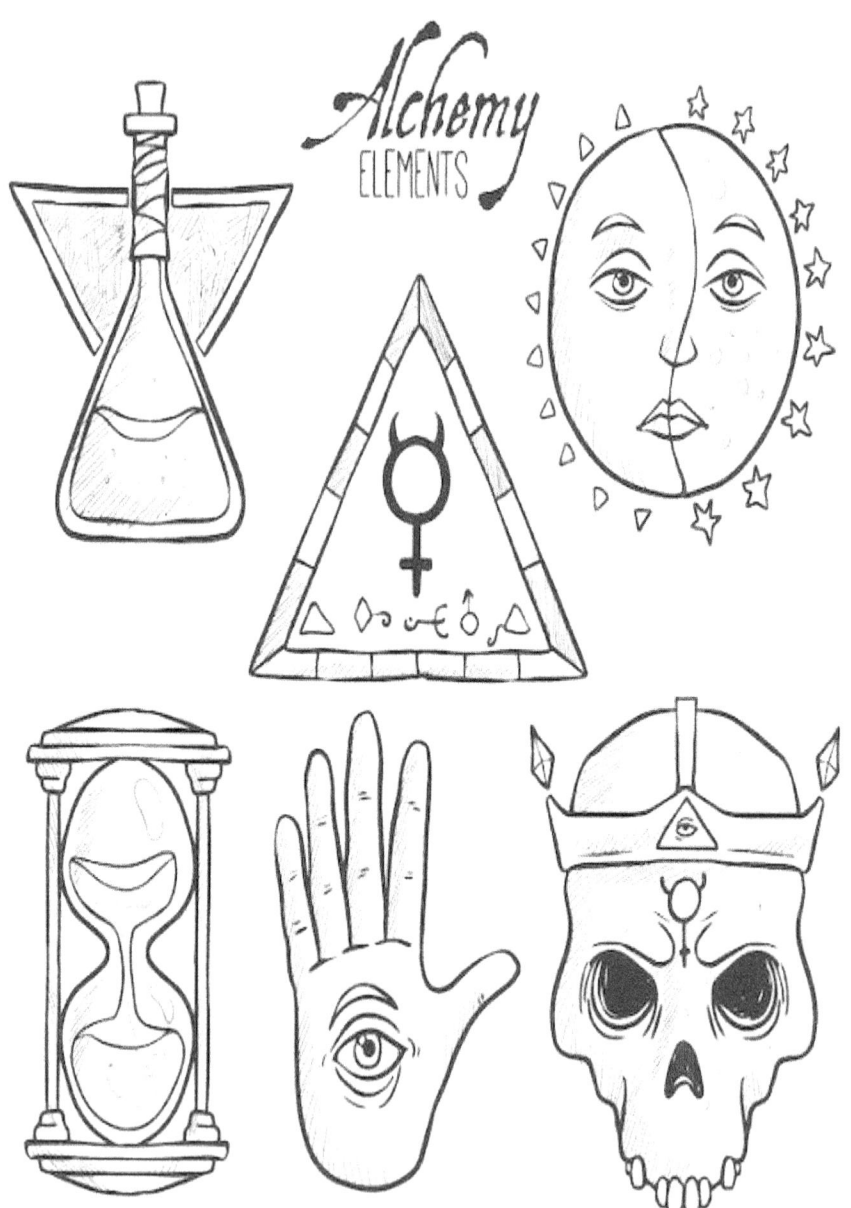

Alchemy
ELEMENTS

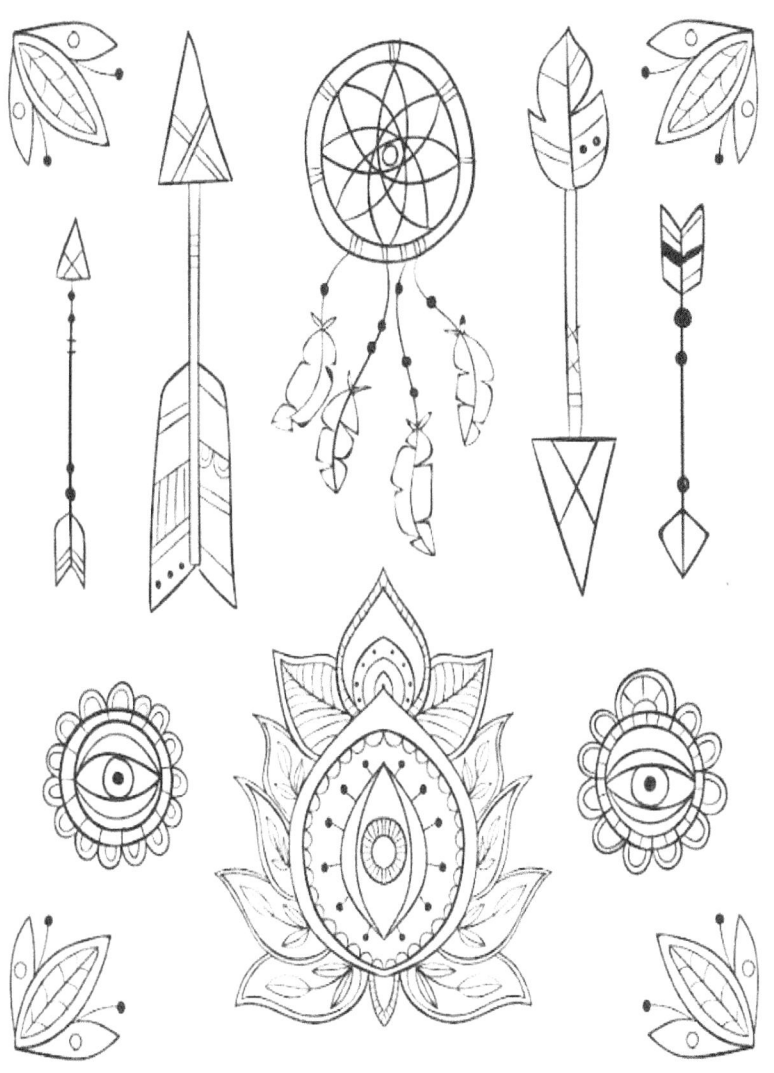

Dream Catcher

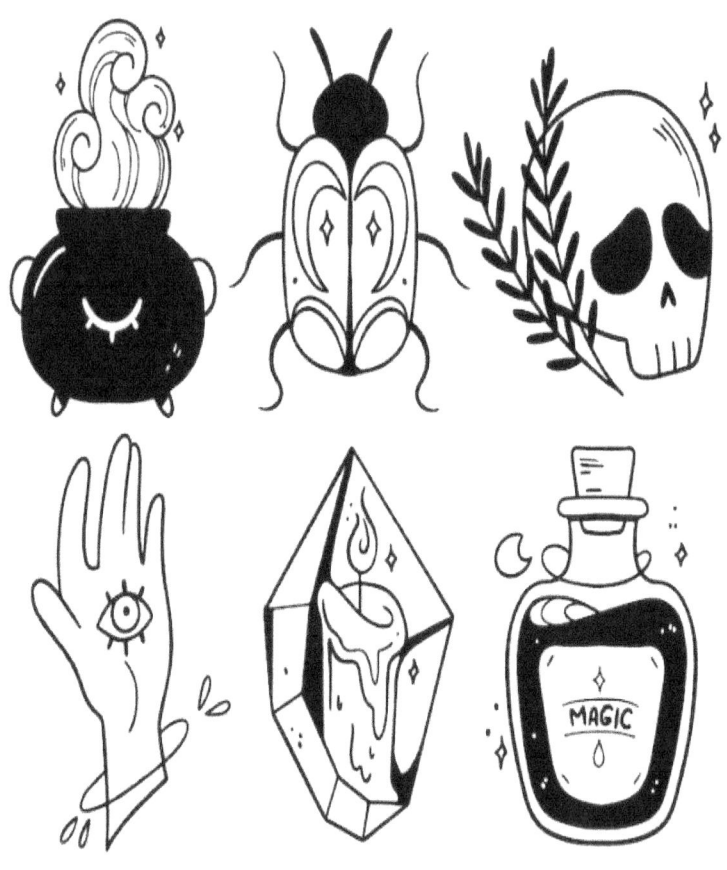

Bruges

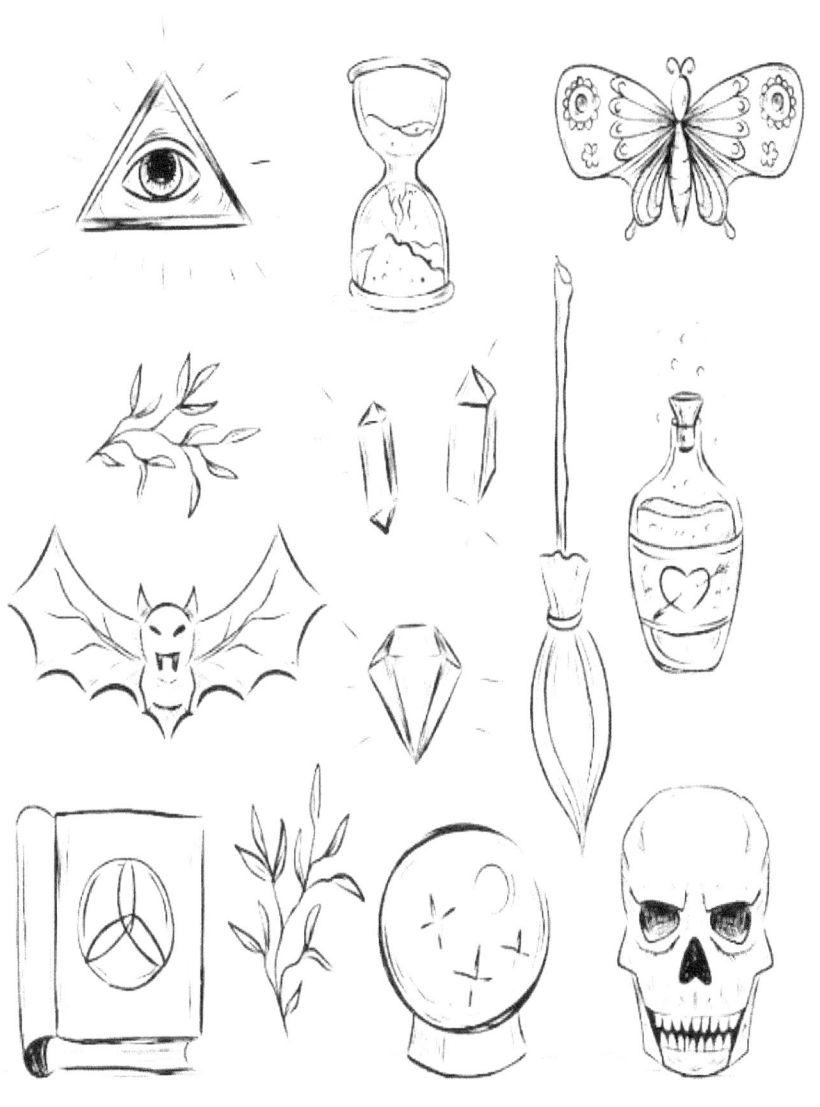

Magic

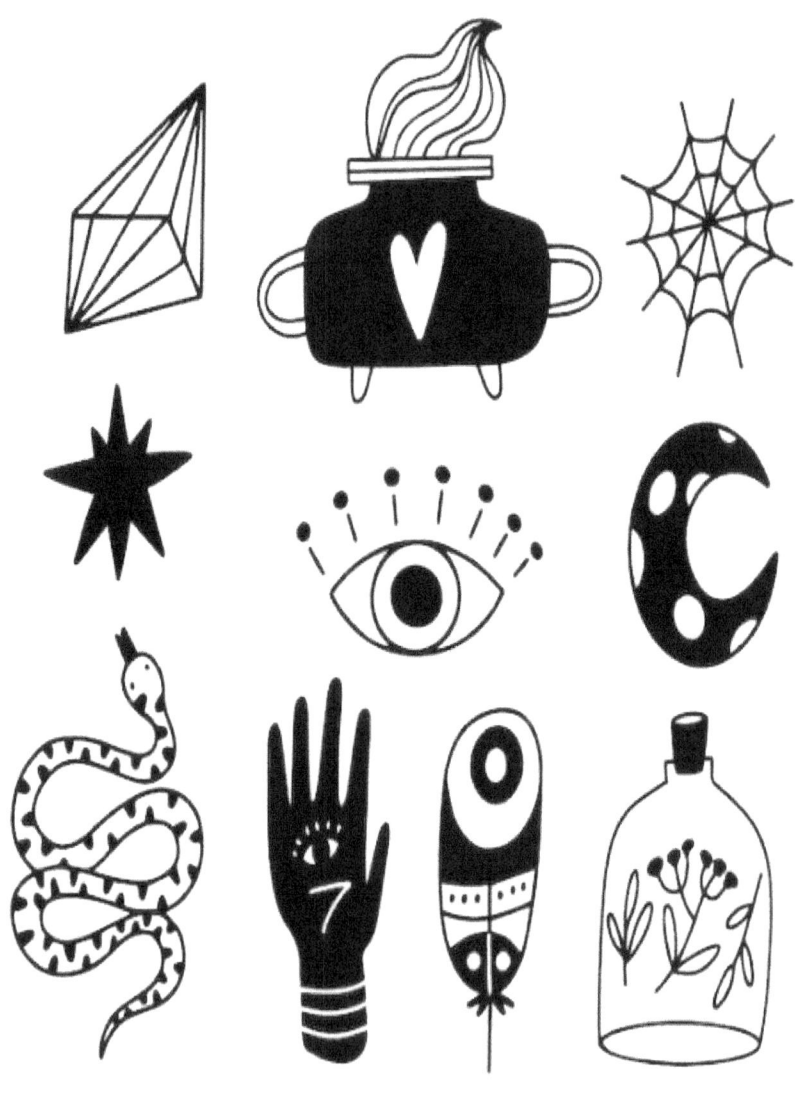

Magician

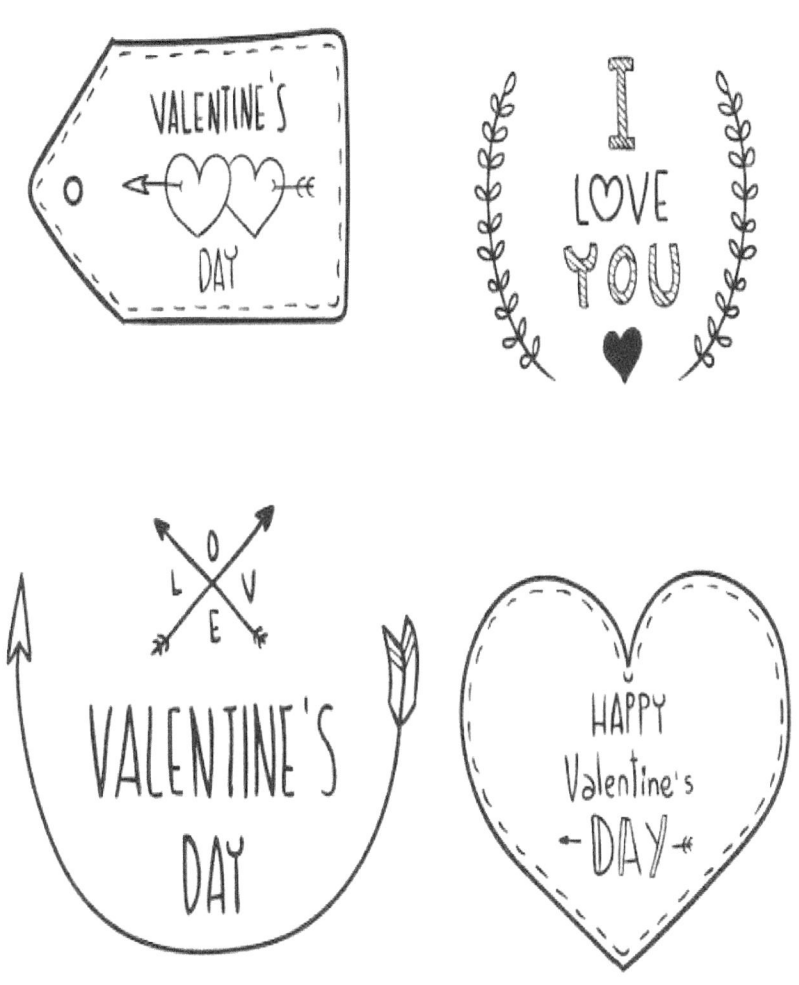

Lovers

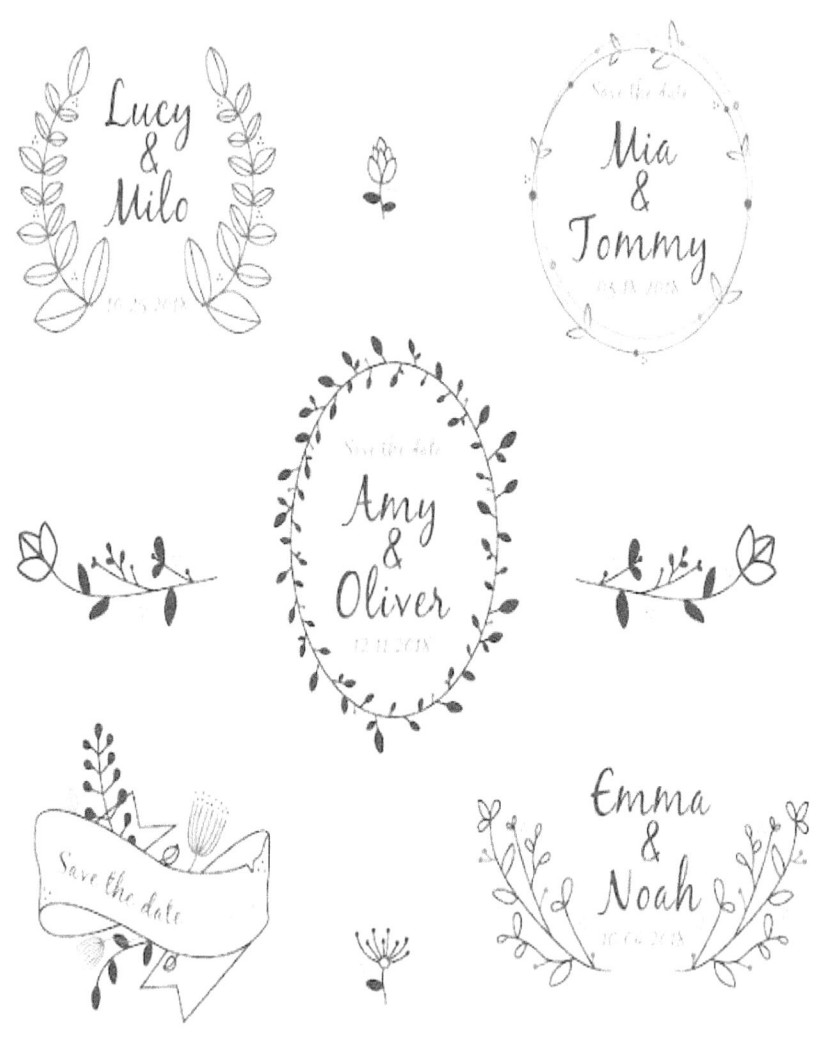

In Love

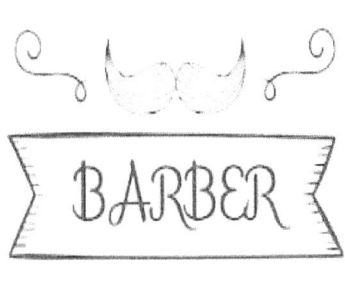

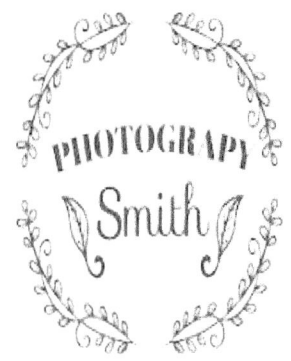

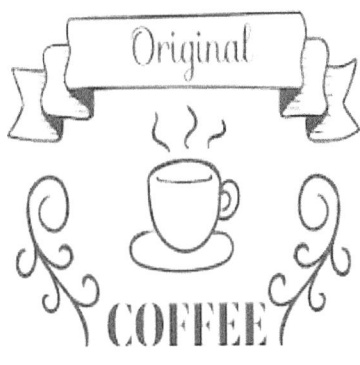

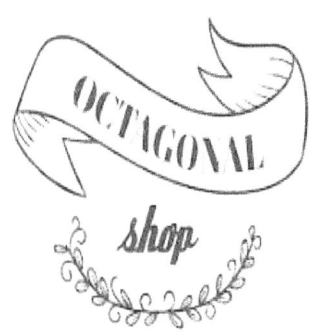

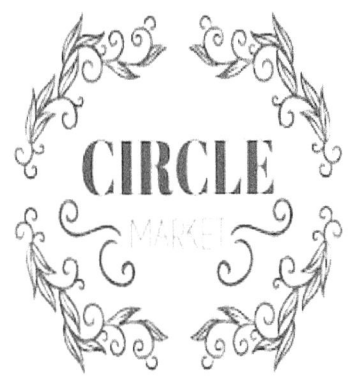

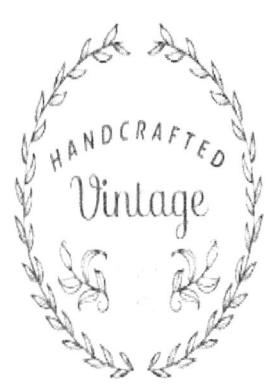

Enterprice

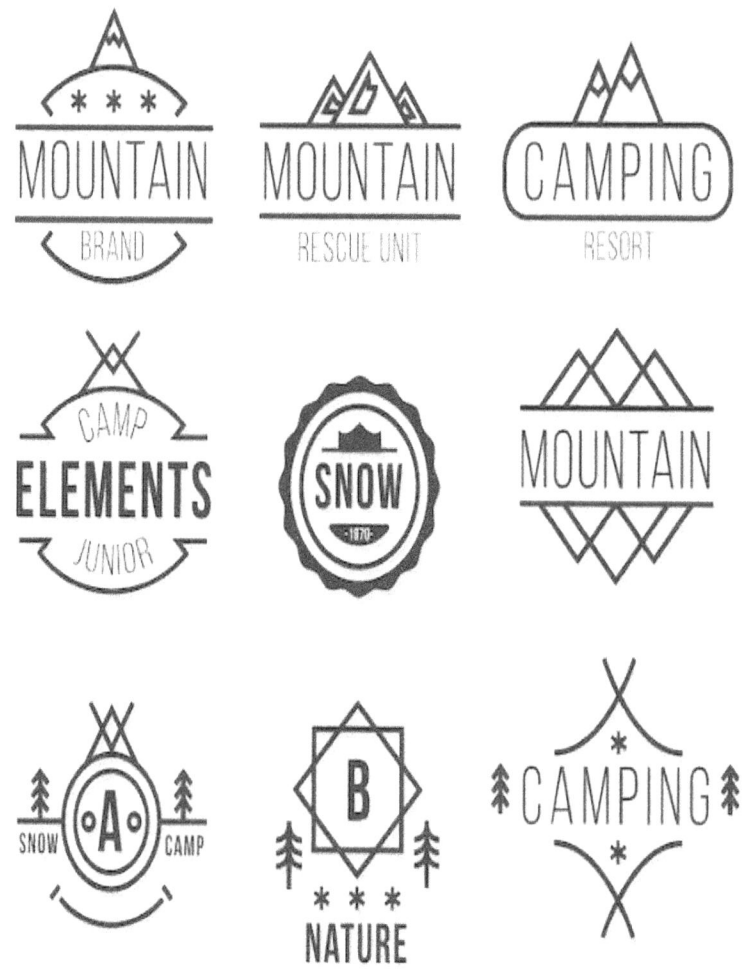

Nature

FITNESS
·LABELS·

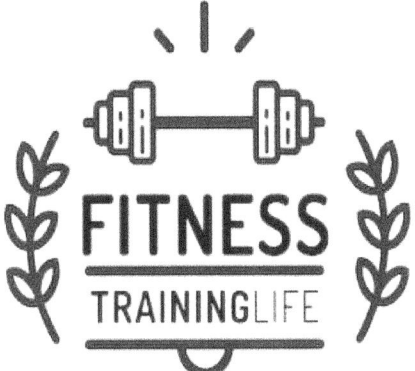

FITNESS
TRAININGLIFE

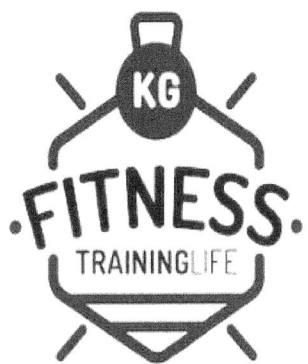

FITNESS
TRAININGLIFE

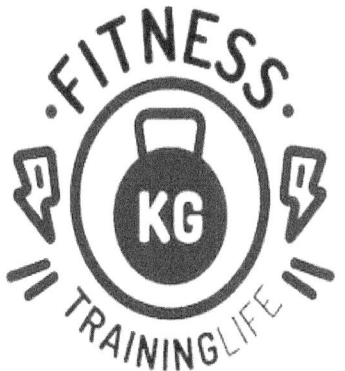

FITNESS
TRAININGLIFE

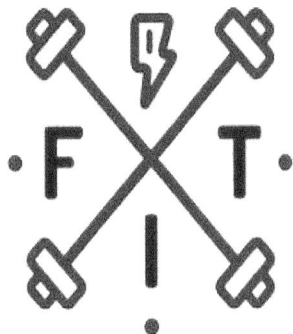

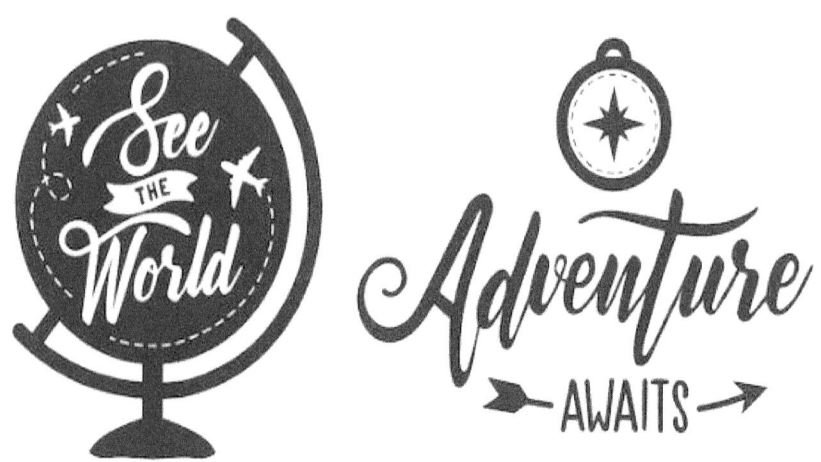

See the World

Adventure Awaits

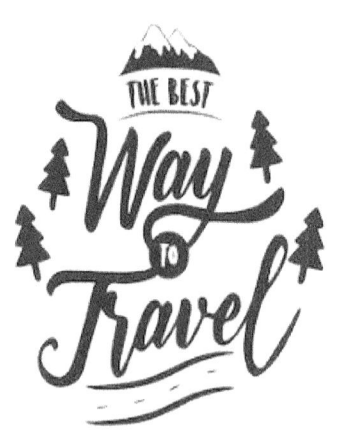

The Best Way to Travel

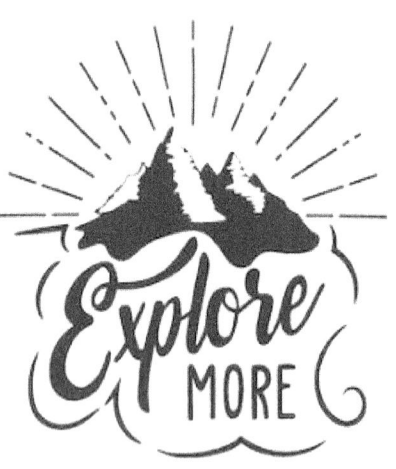

Explore More

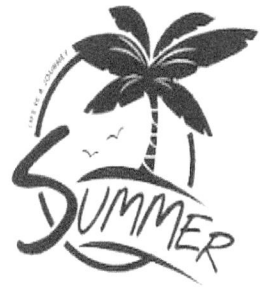

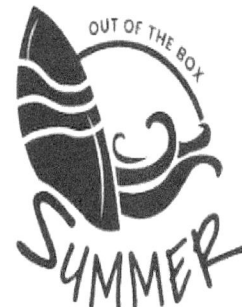

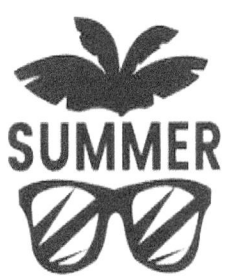

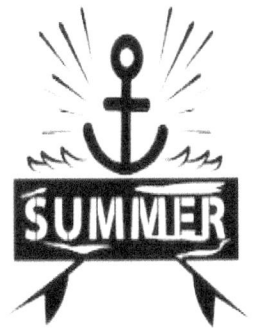

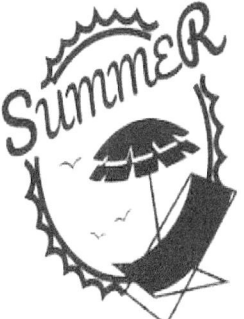

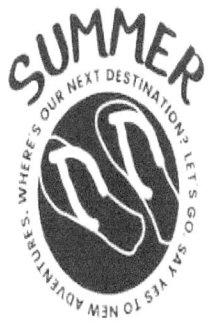

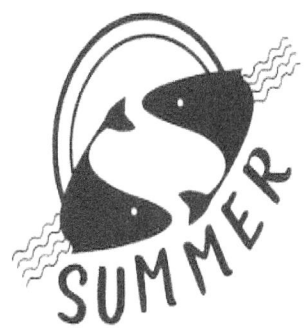

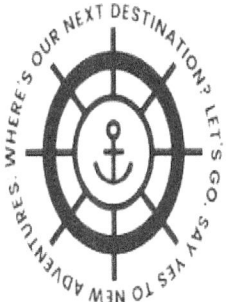

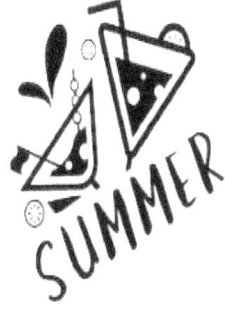

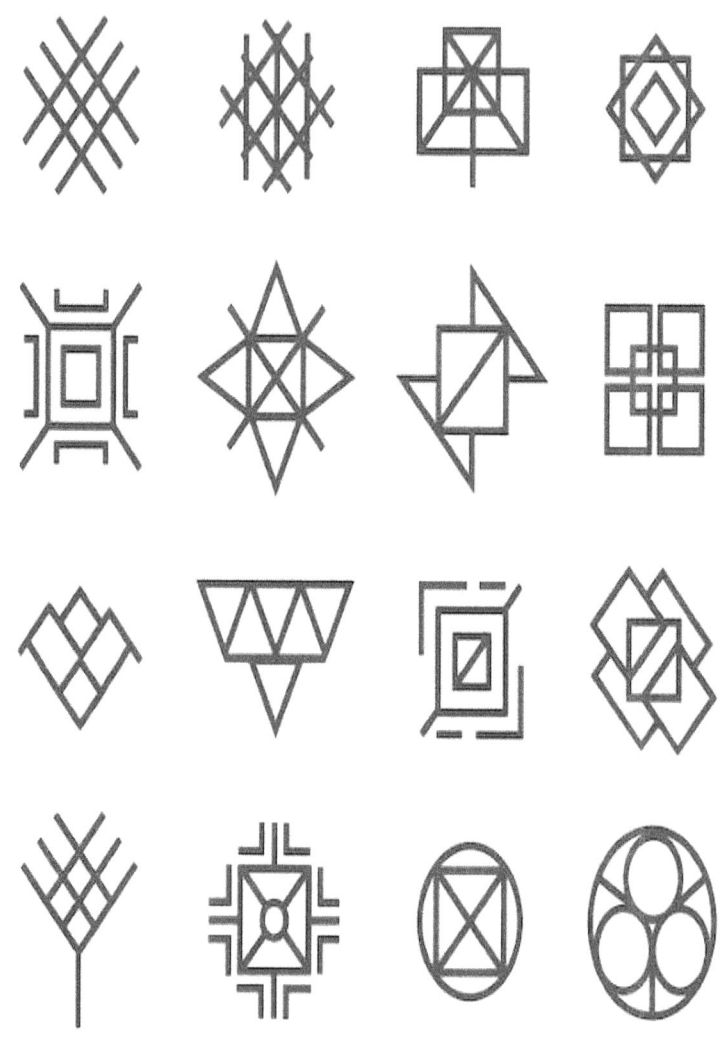

Figures

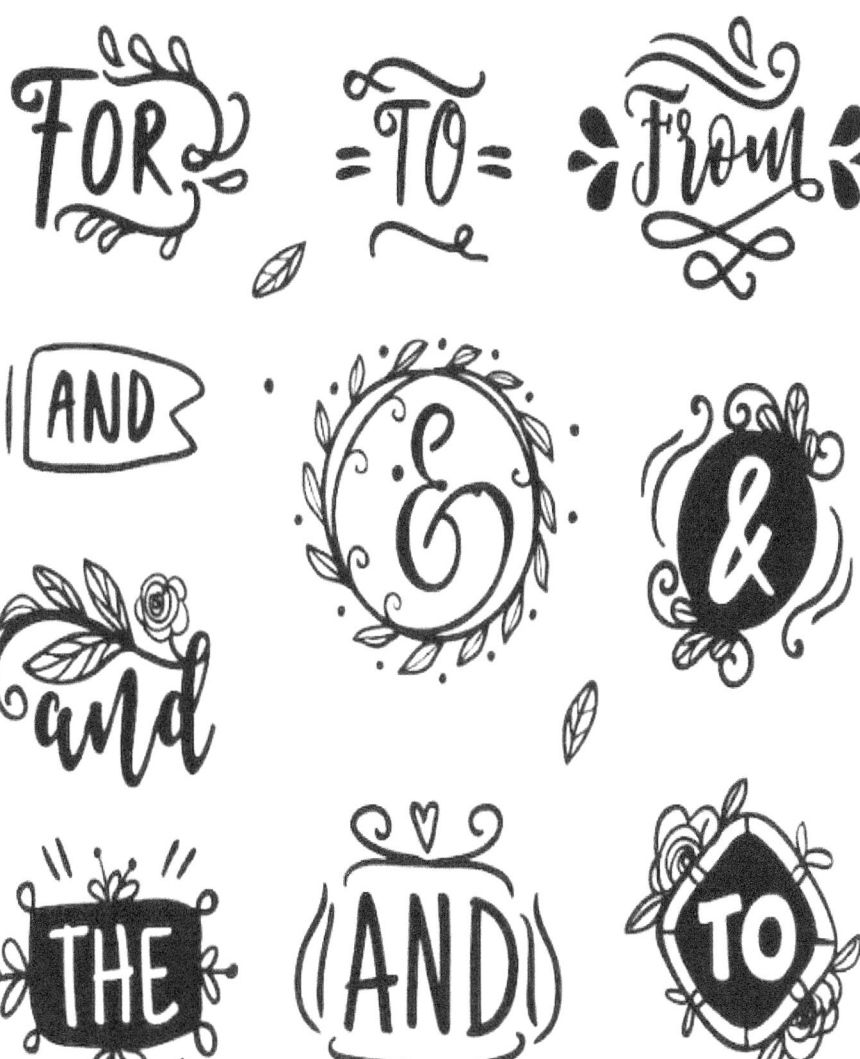

FOR   TO   From

AND   &   &

and   THE   AND   TO

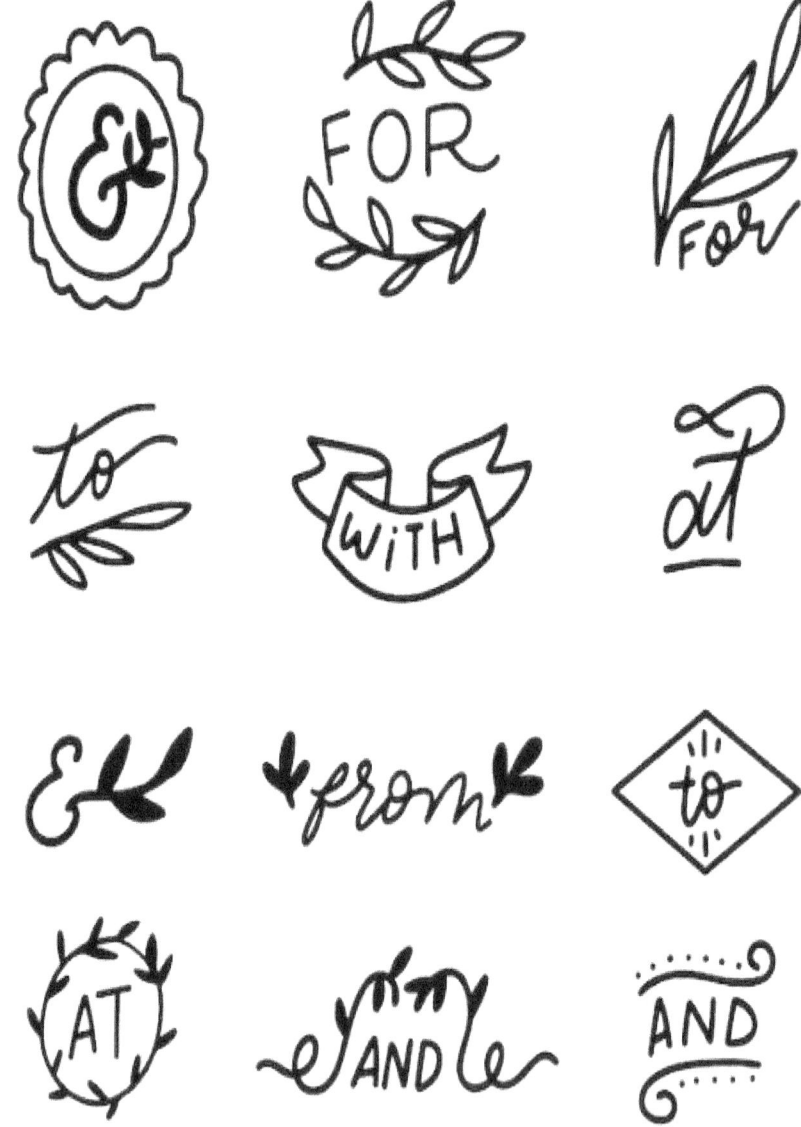

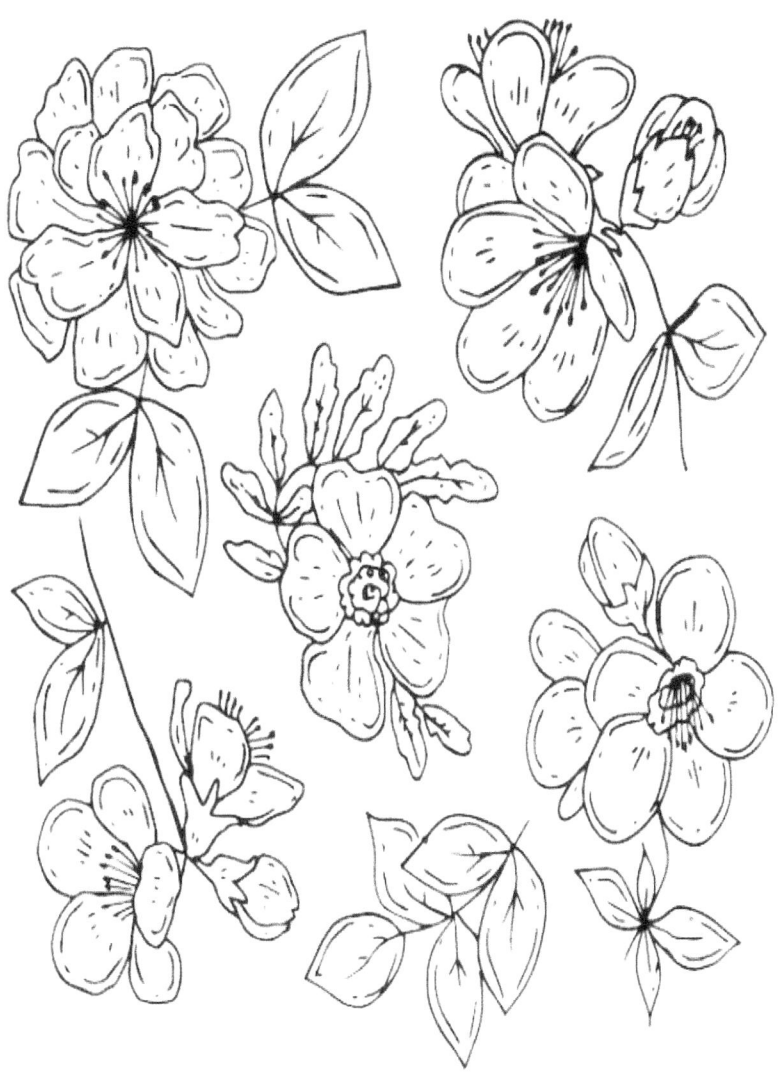

Flowers

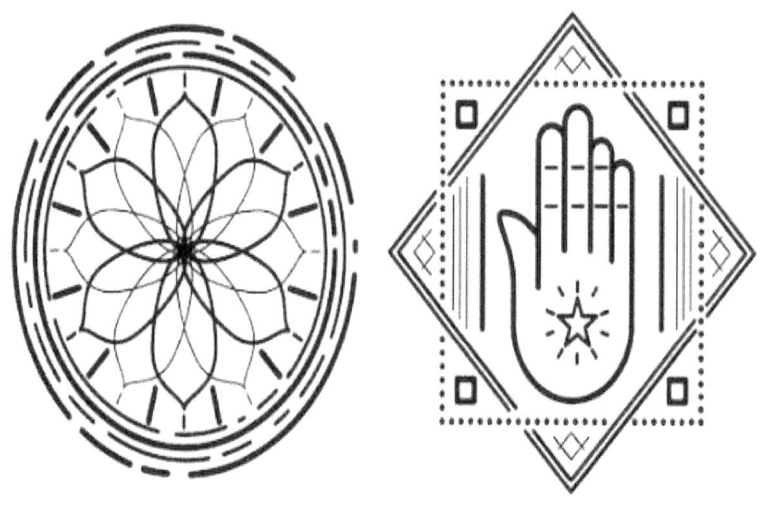

GEOMETRIC

TATTOO COLLECTION

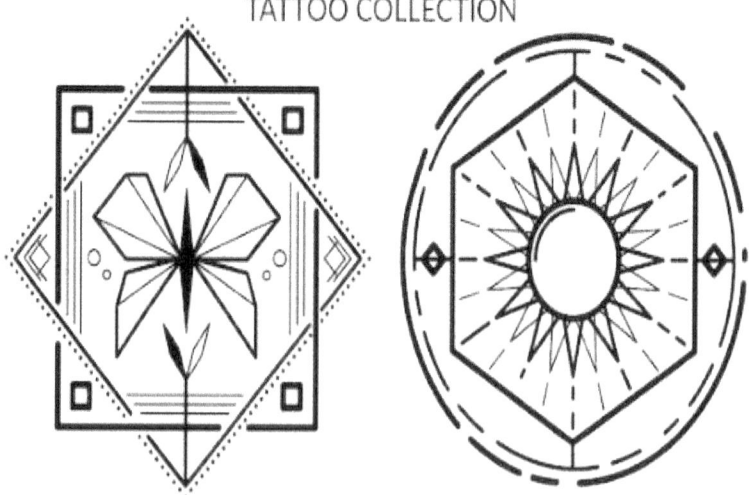

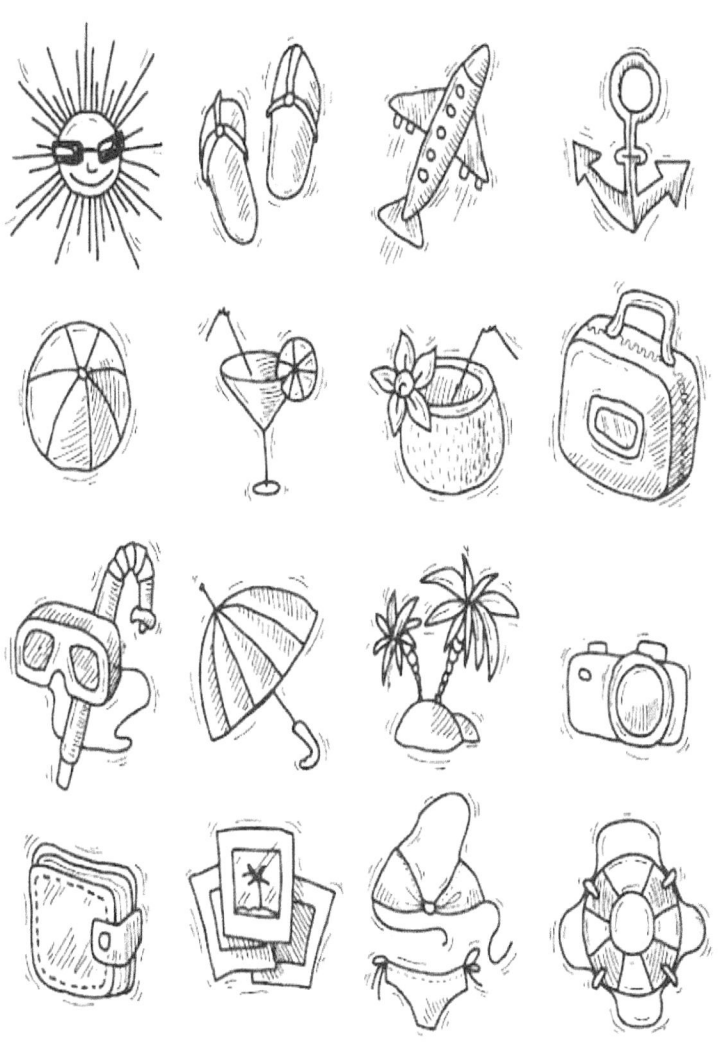

Vacation

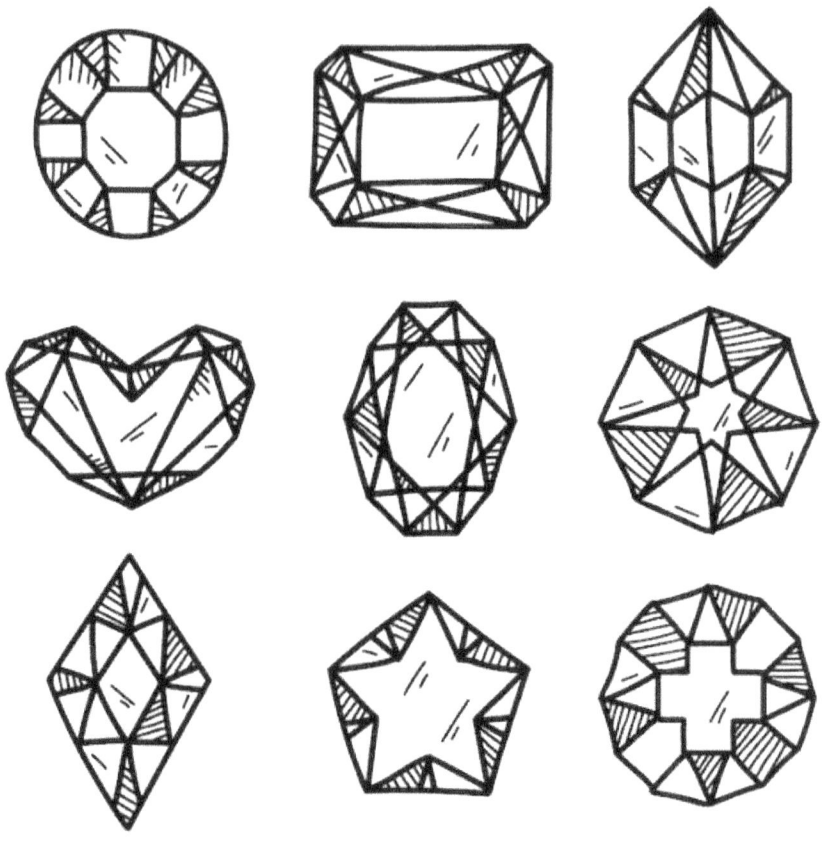

Jewelry

GEOMETRIC TATTOO COLLECTION

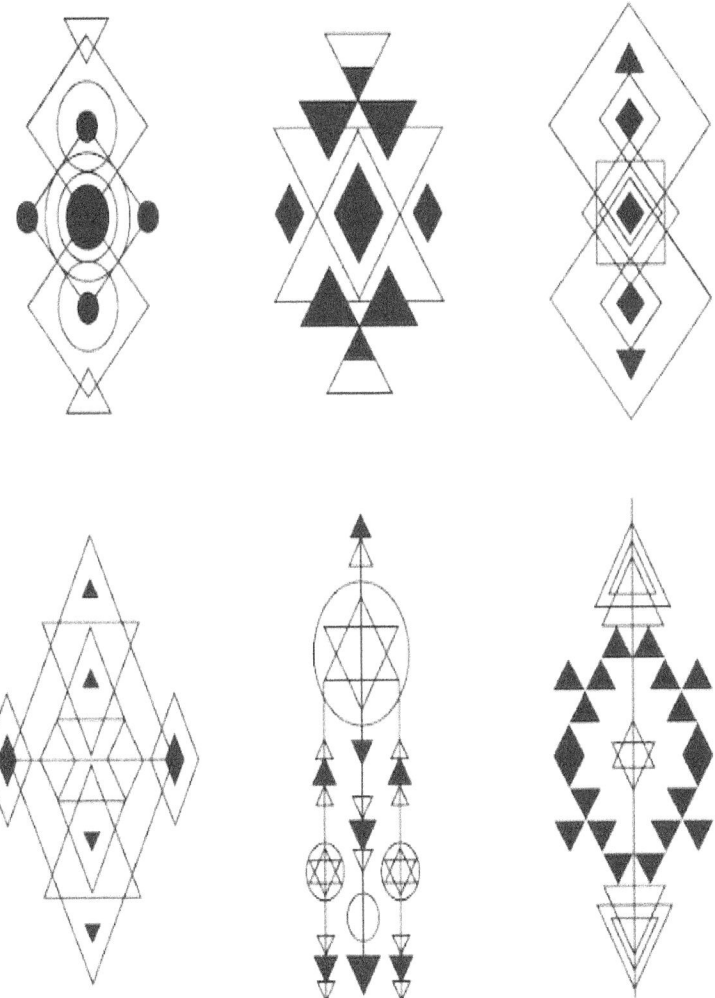

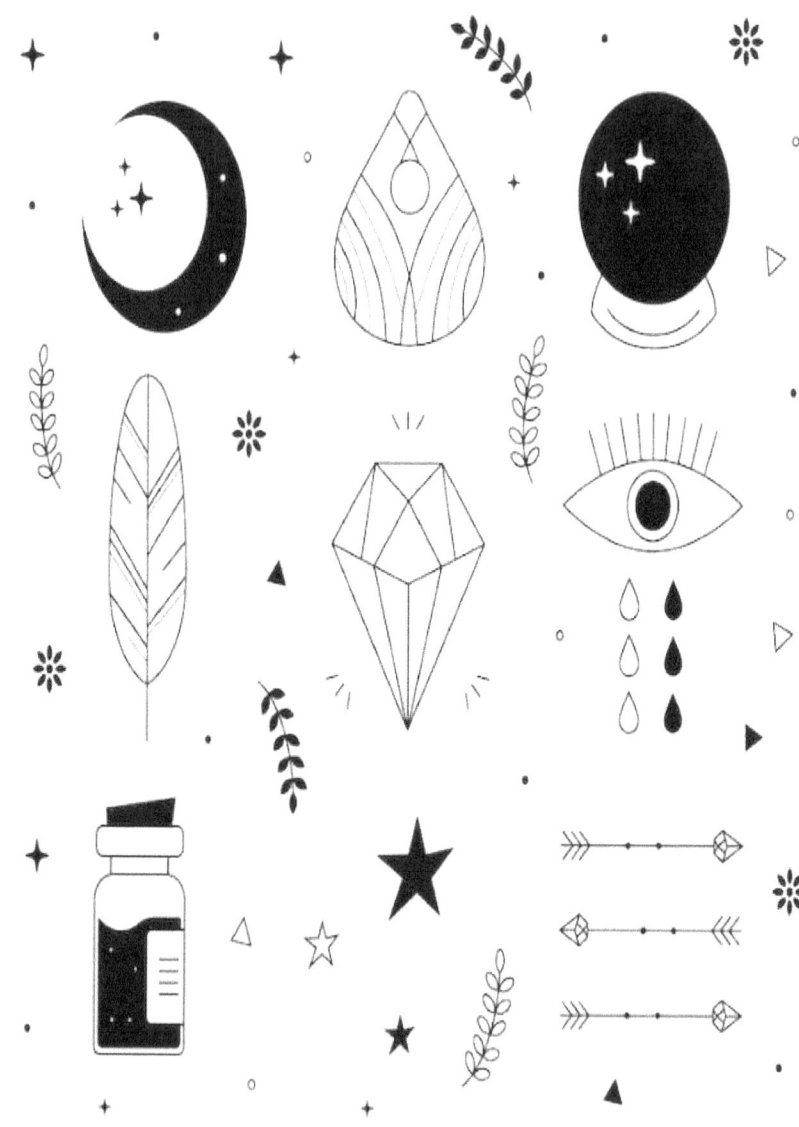

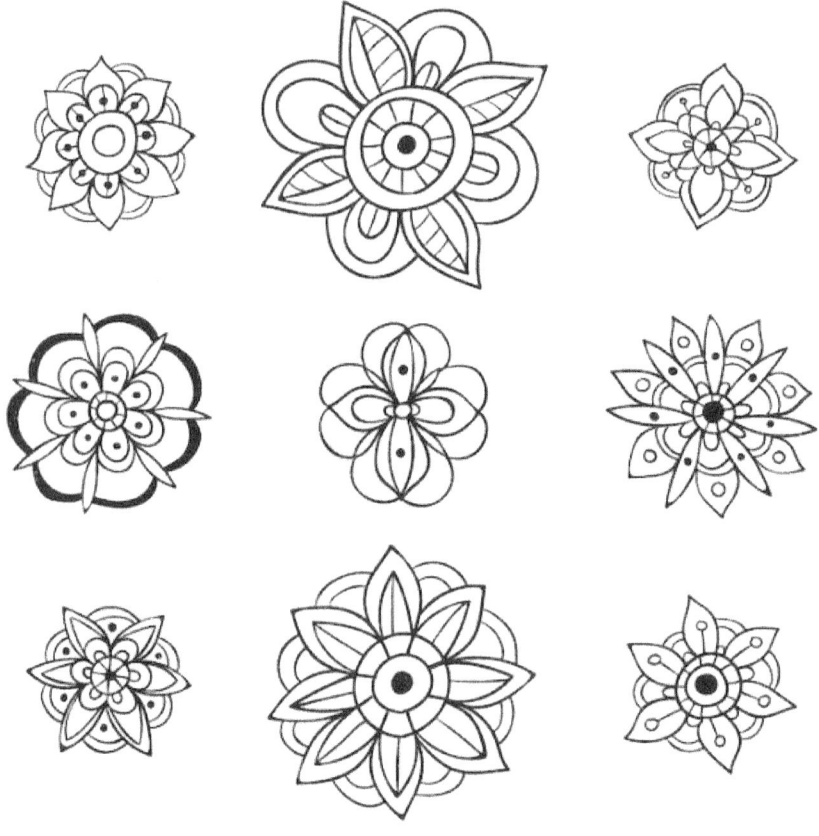

Handmade Flowers

Floral Decoration Elements

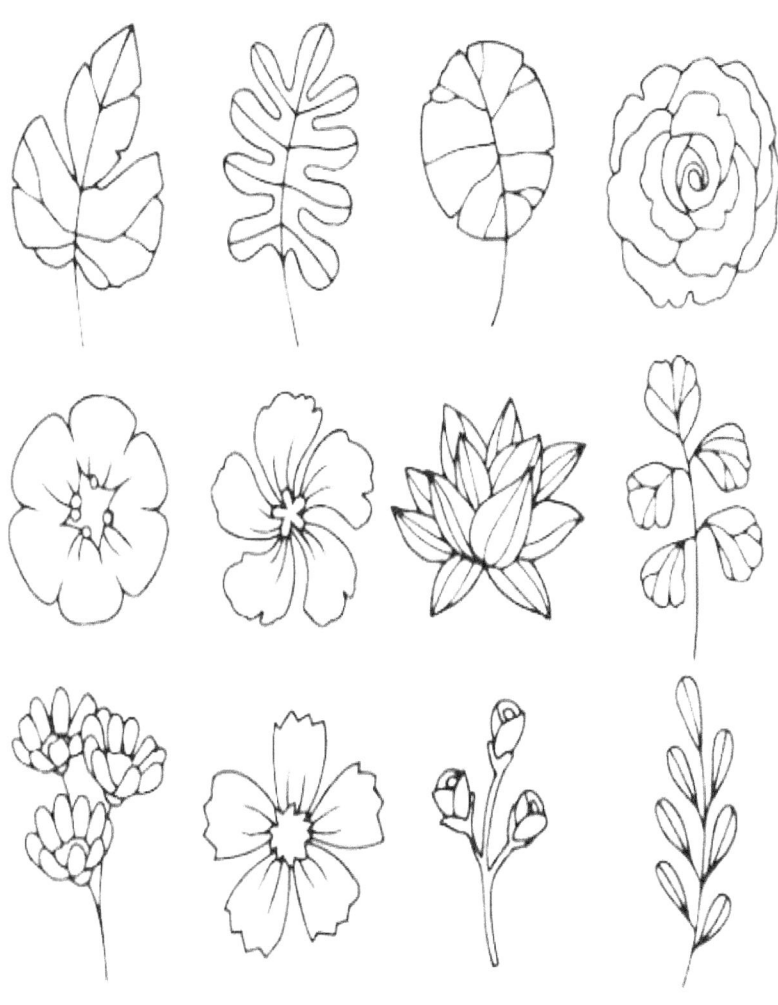

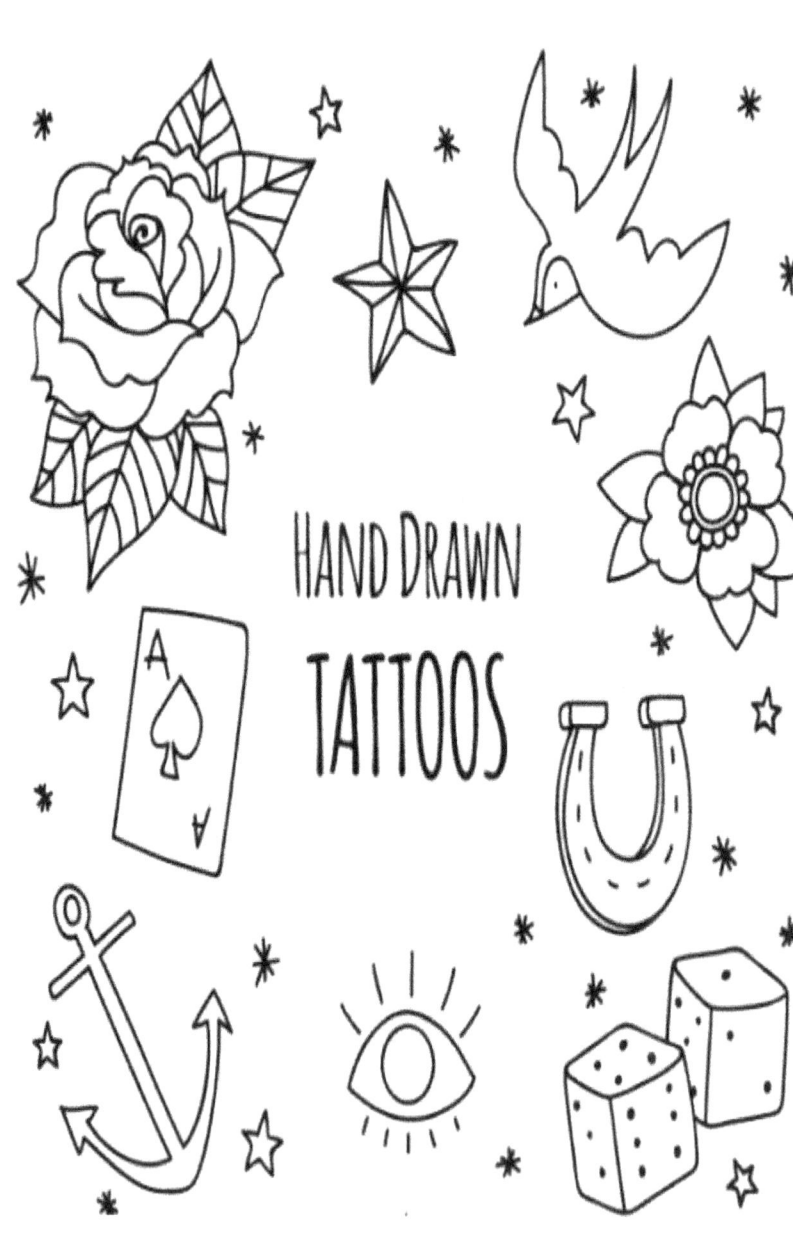

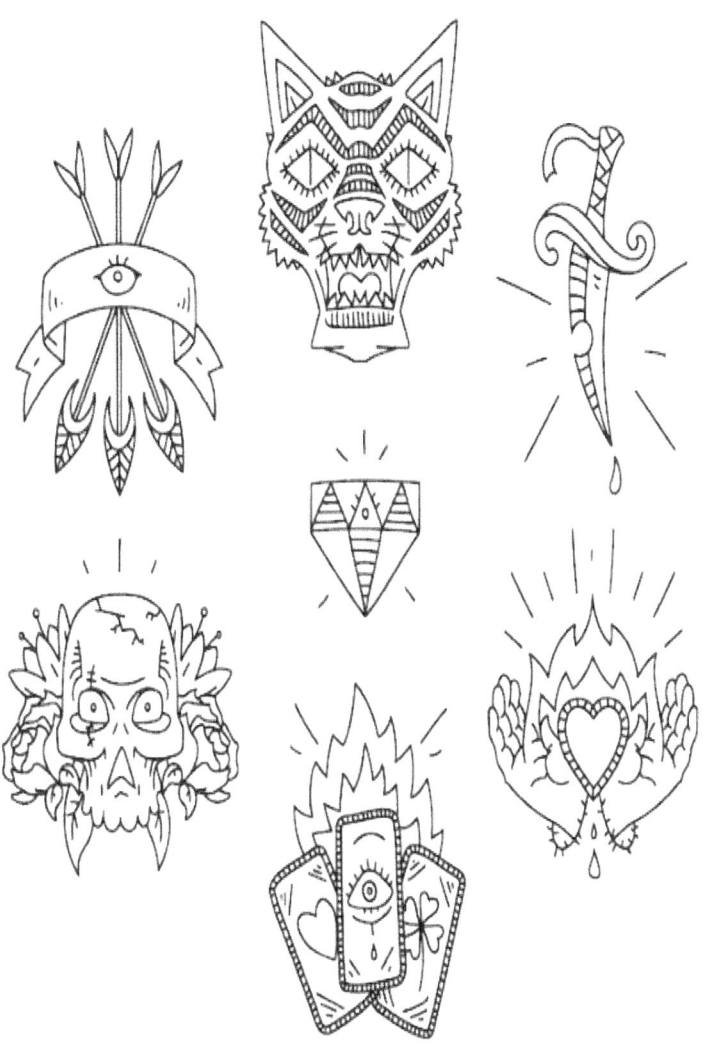

Intrepid

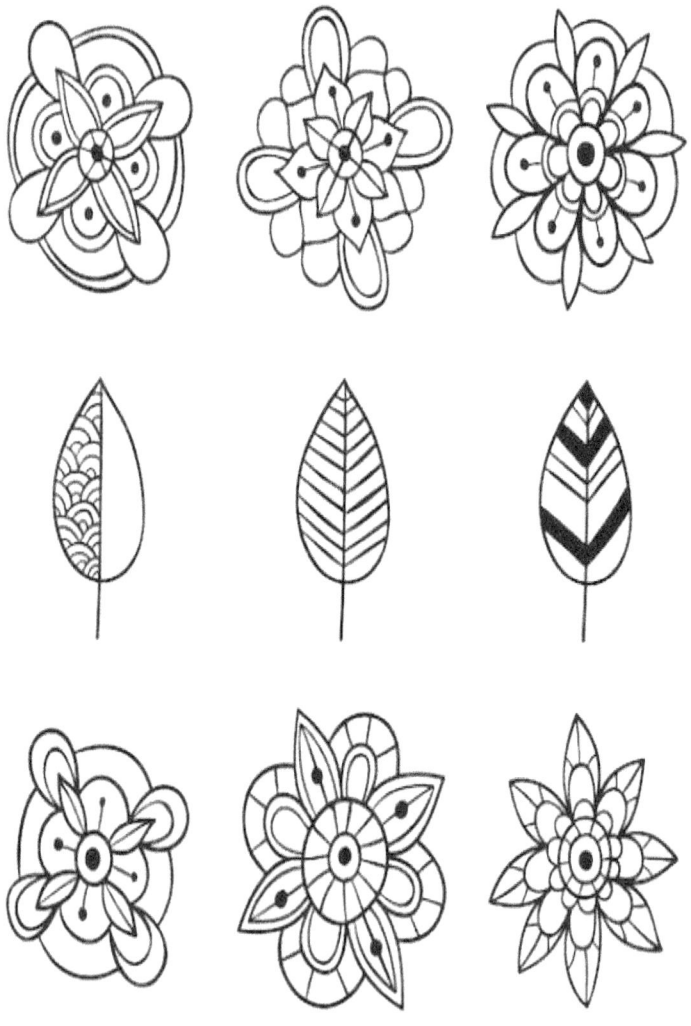

Handmade Flowers

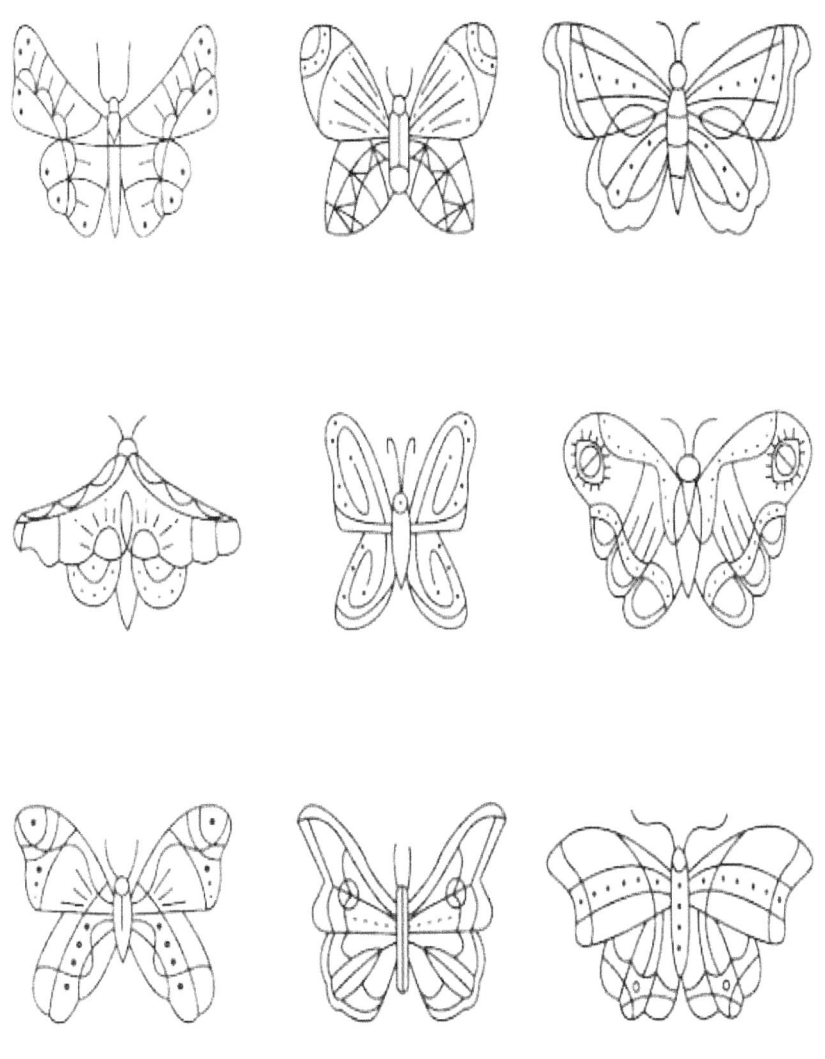

Butterflies

Vintage Tattoo Collection

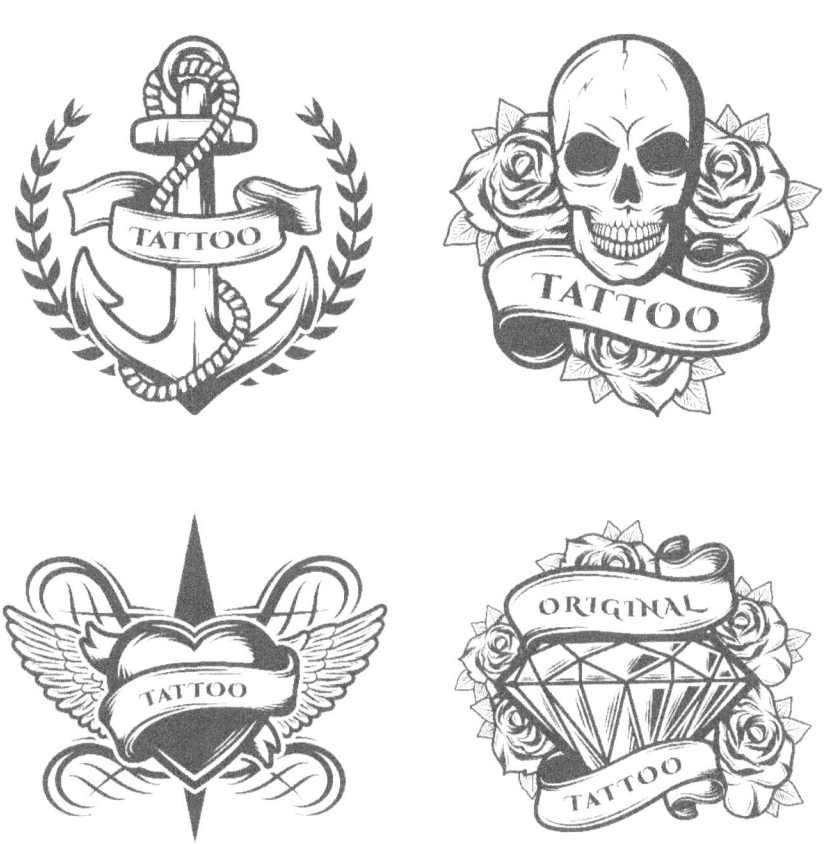

Seals

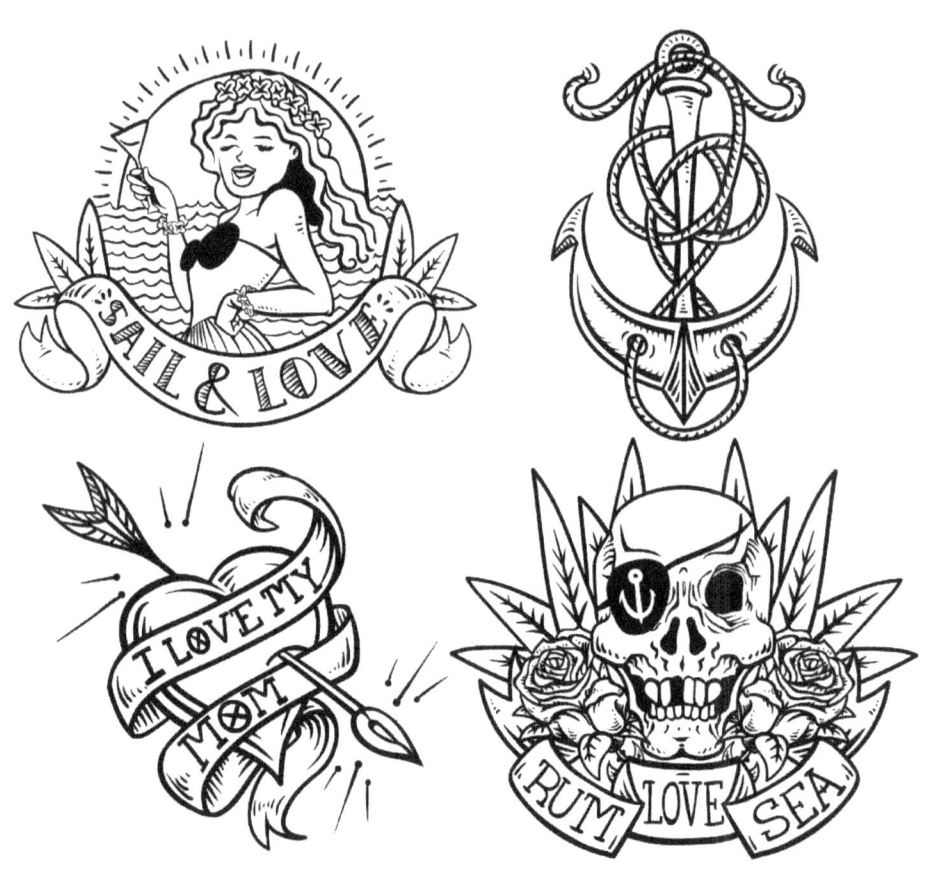

Seals

Neck

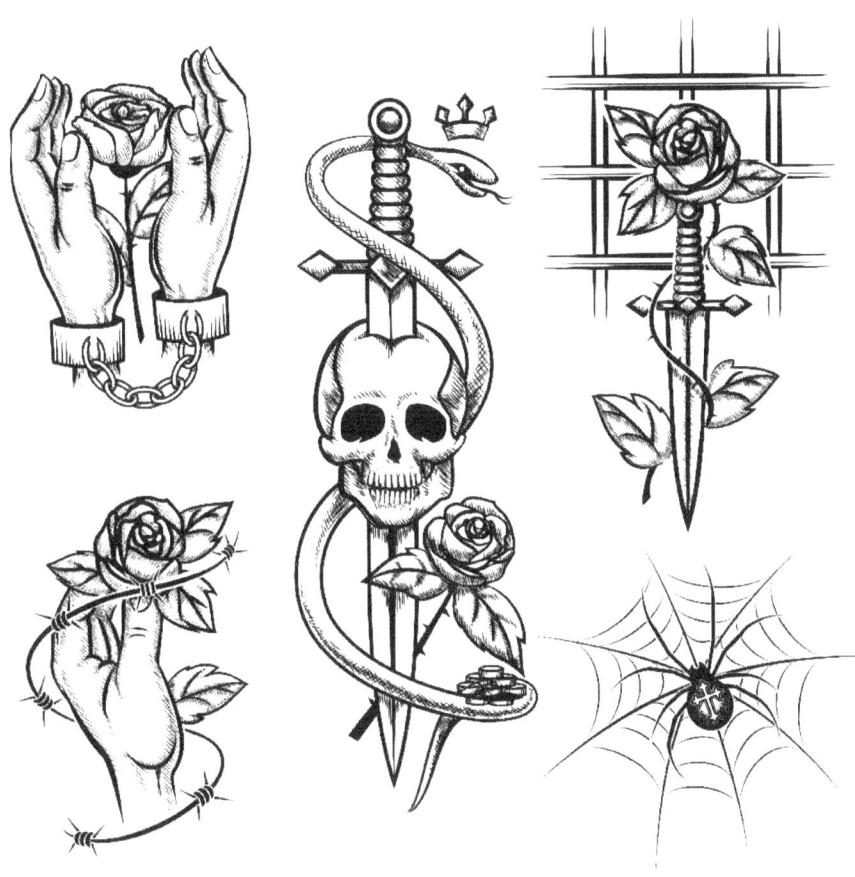

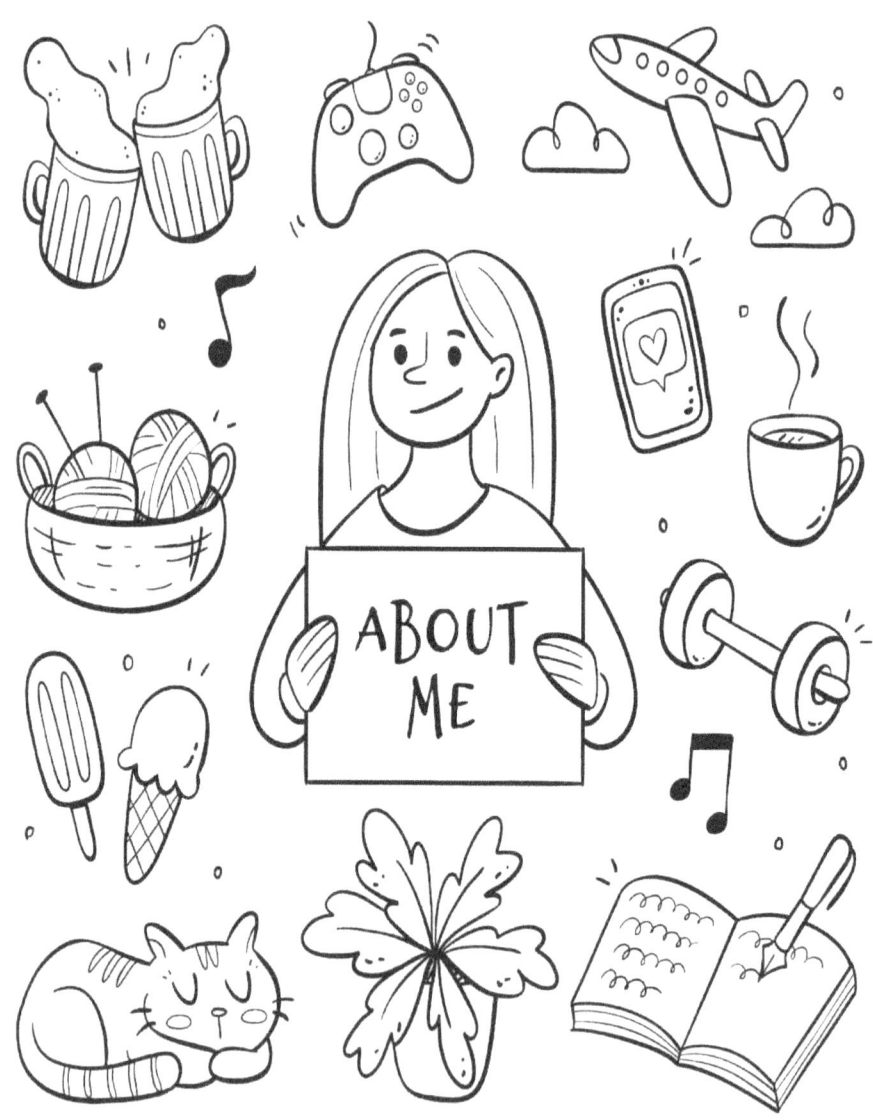

Love

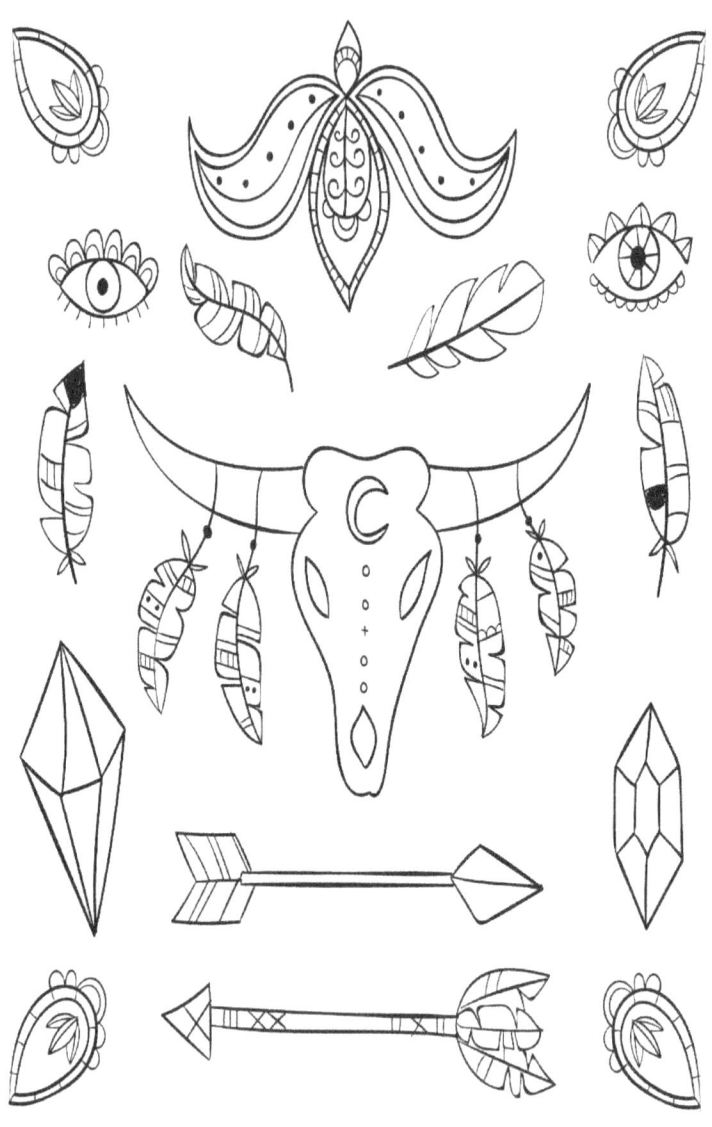

Old West

Chest

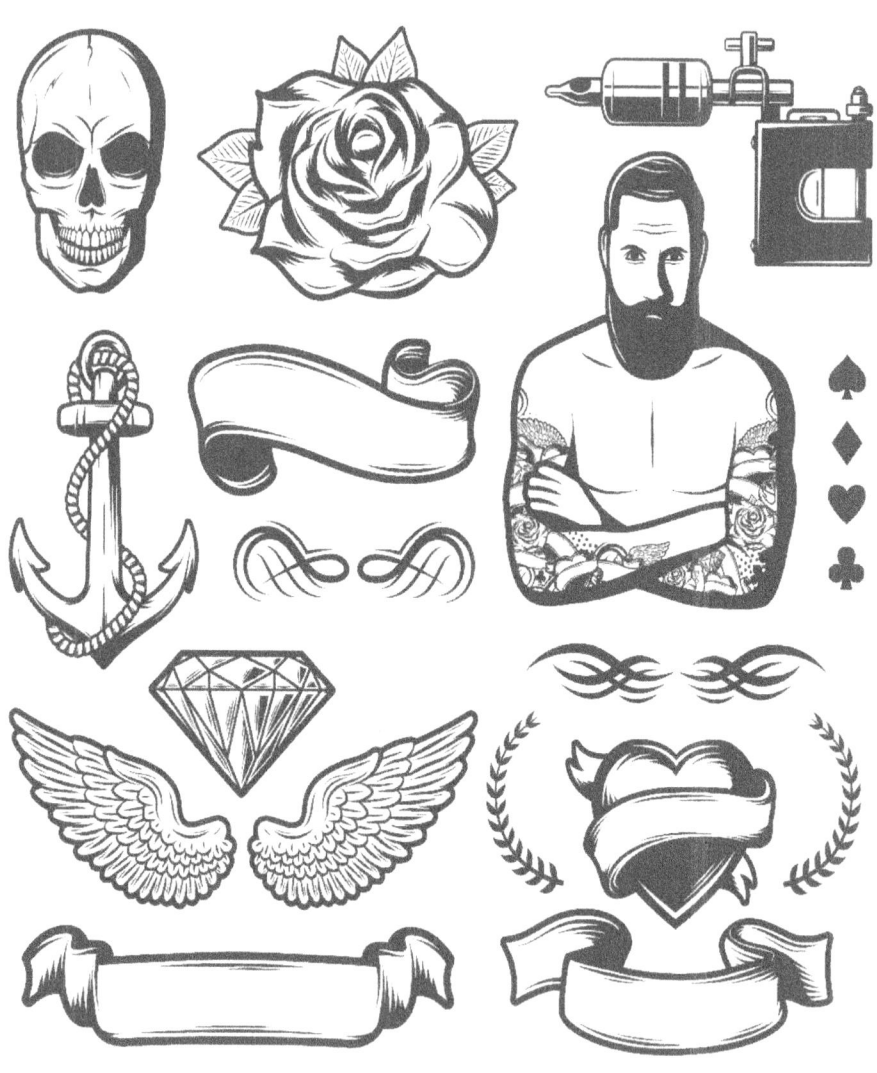

Classic

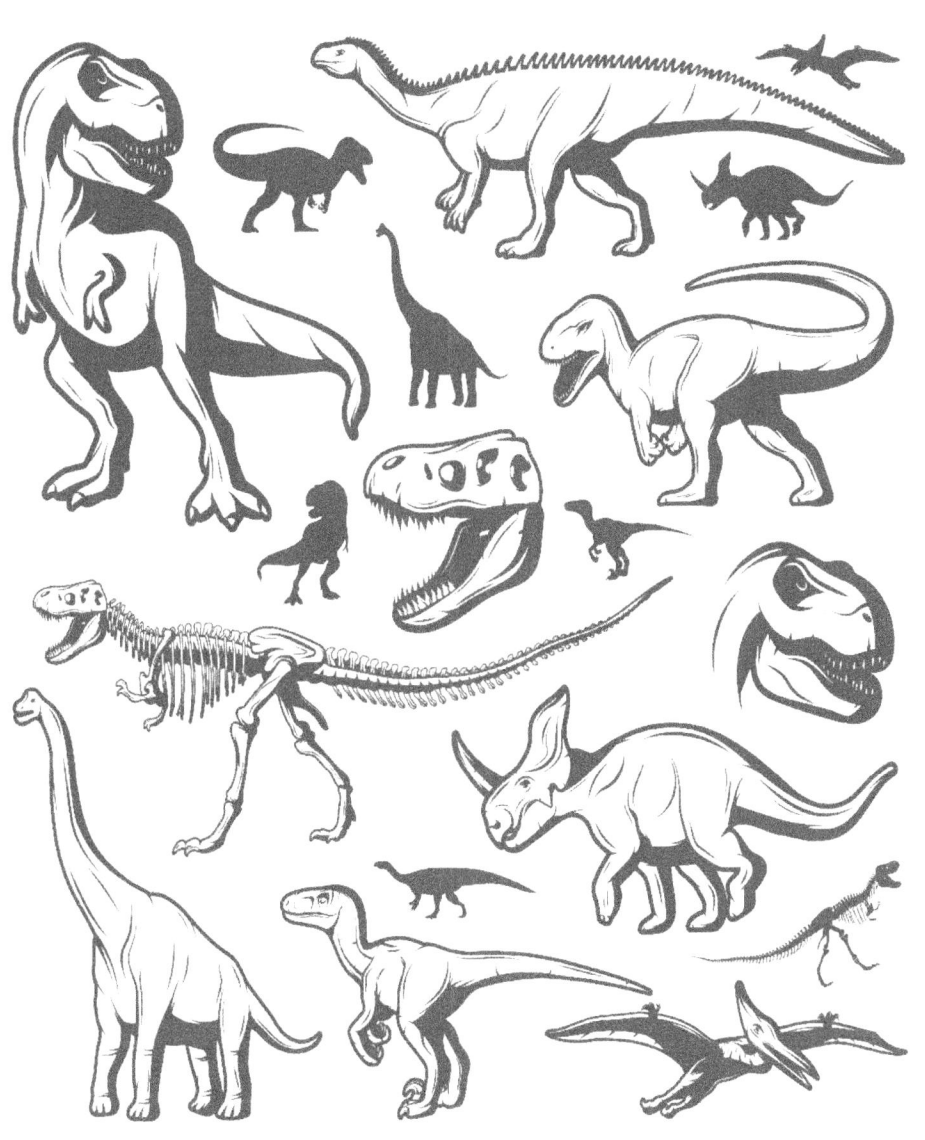

Dinosaur

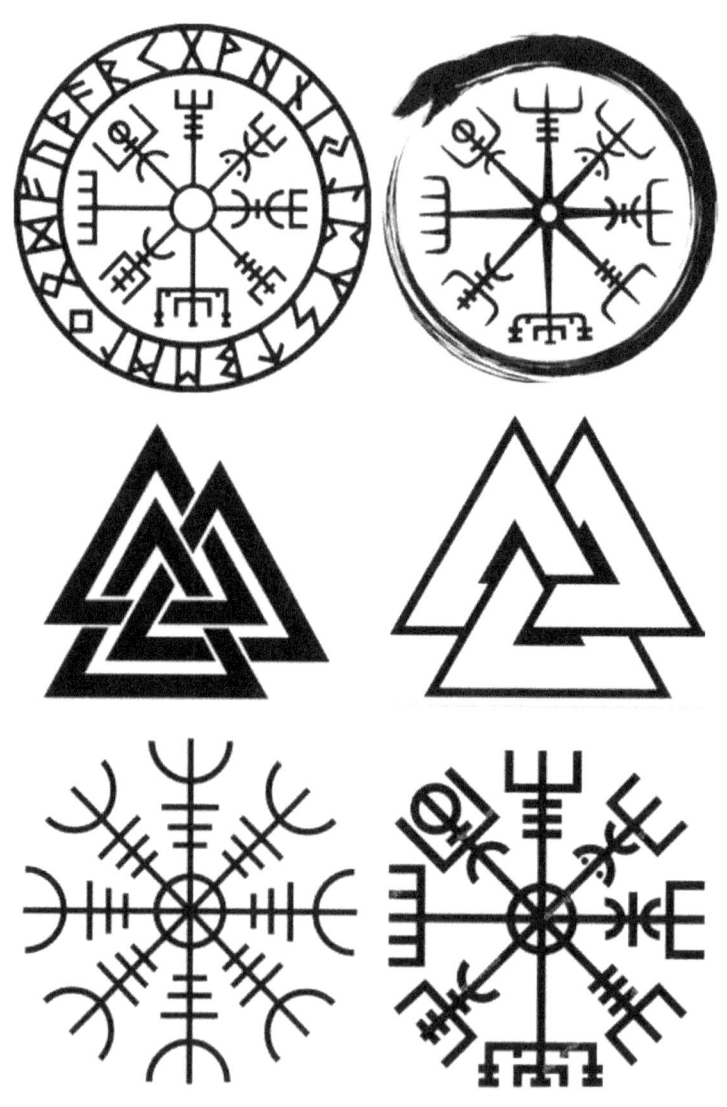

Nordic

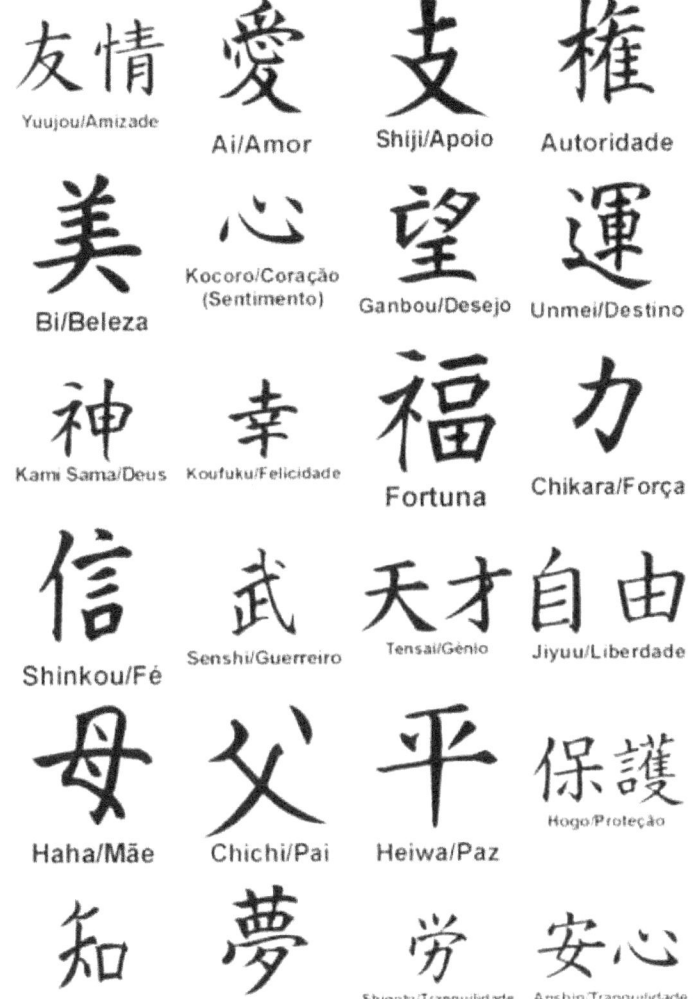

友情 Yuujou/Amizade
愛 Ai/Amor
支 Shiji/Apoio
権 Autoridade

美 Bi/Beleza
心 Kocoro/Coração (Sentimento)
望 Ganbou/Desejo
運 Unmei/Destino

神 Kami Sama/Deus
幸 Koufuku/Felicidade
福 Fortuna
力 Chikara/Força

信 Shinkou/Fé
武 Senshi/Guerreiro
天才 Tensai/Gênio
自由 Jiyuu/Liberdade

母 Haha/Mãe
父 Chichi/Pai
平 Heiwa/Paz
保護 Hogo/Proteção

知 Chie/Sabedoria
夢 Yume/Sonho
労 Shigoto/Tranquilidade
安心 Anshin/Tranquilidade

Japanese

Japanese Culture

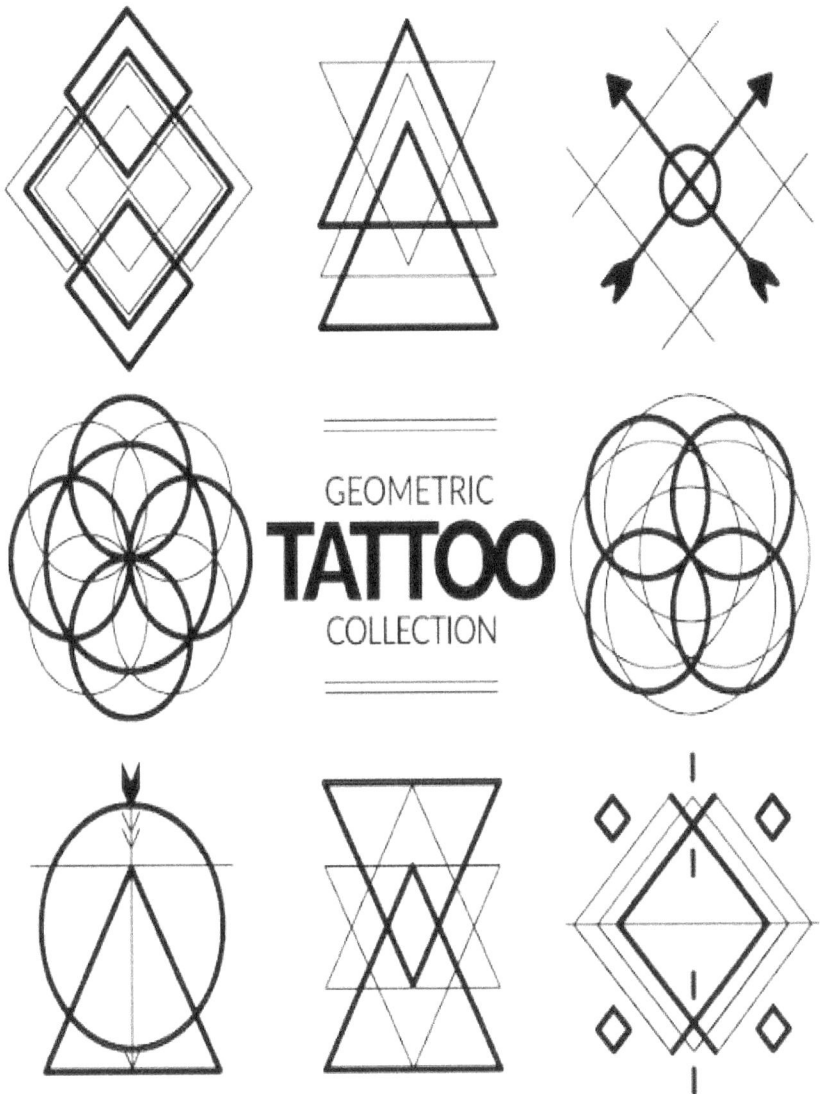

GEOMETRIC
TATTOO
COLLECTION